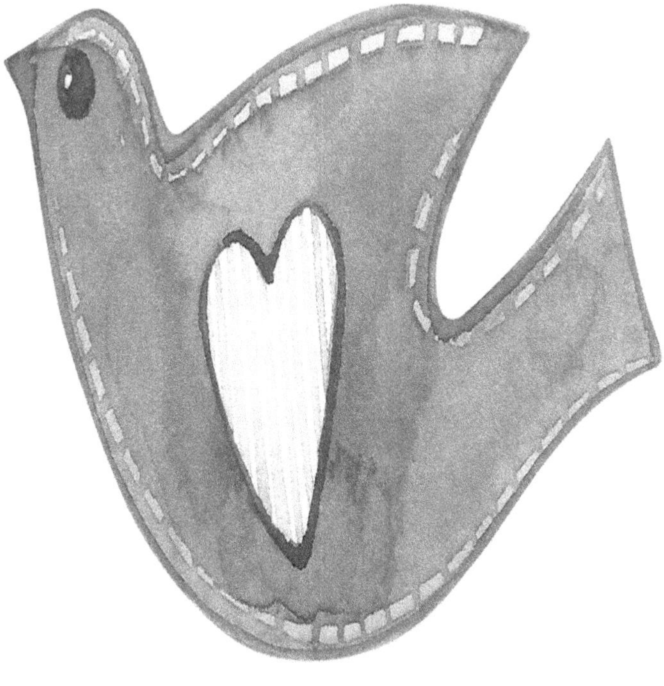

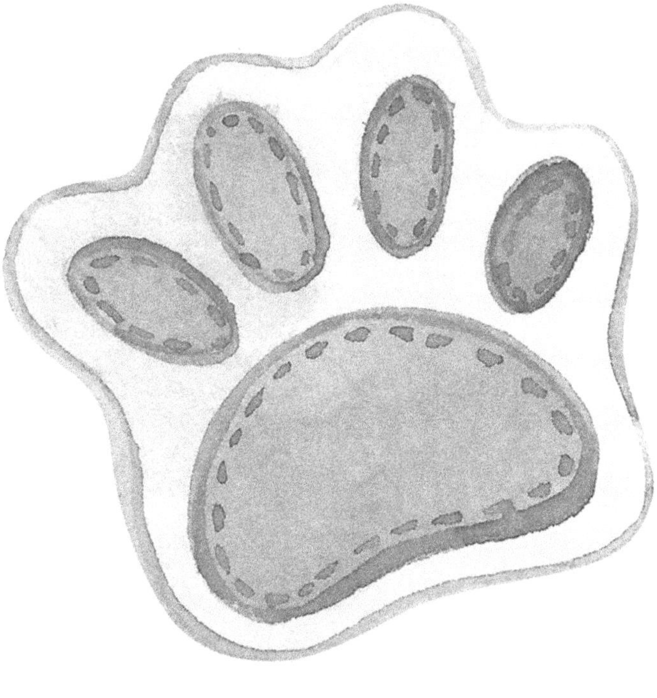

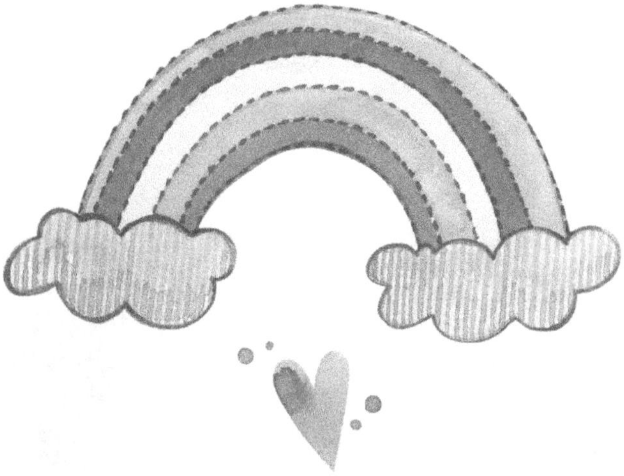

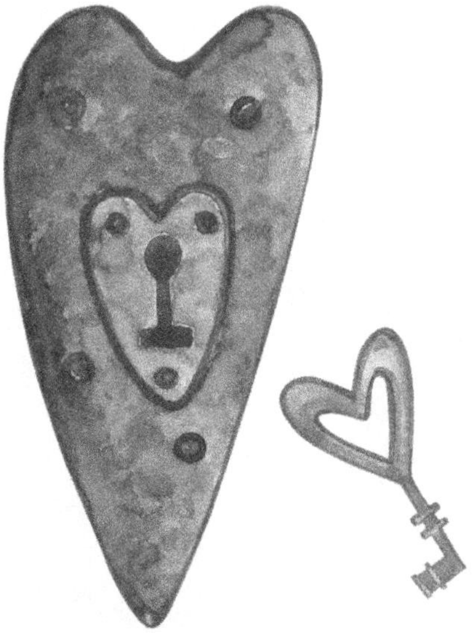

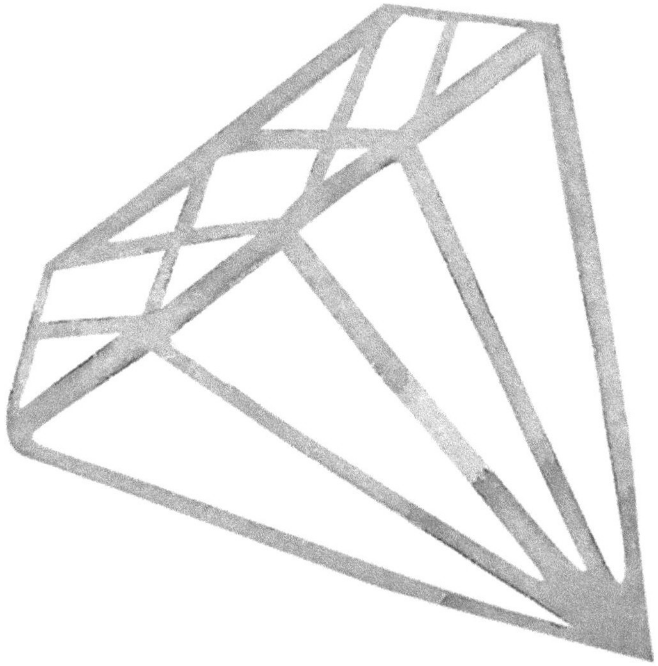

you + me = love

i love you

Love you

LOVE

you are loved

love is all you need

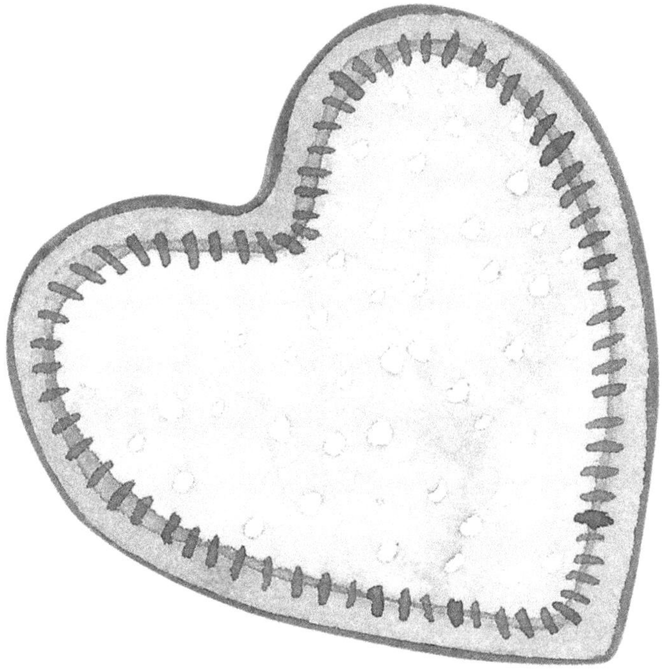

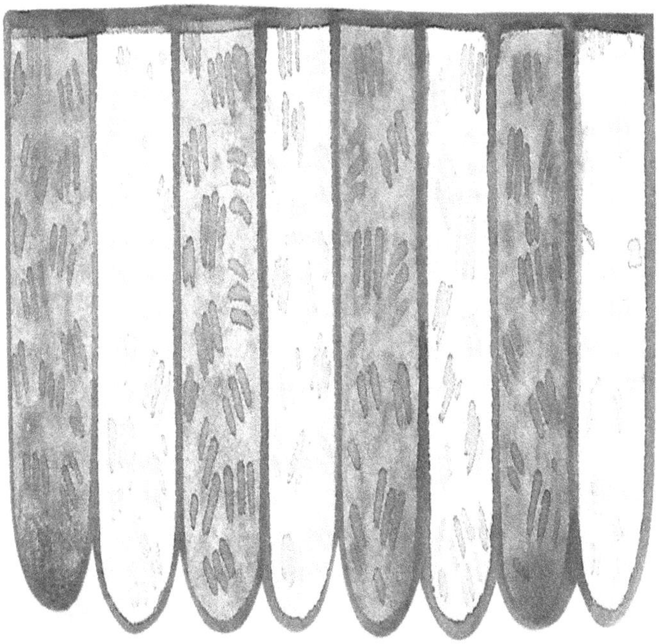

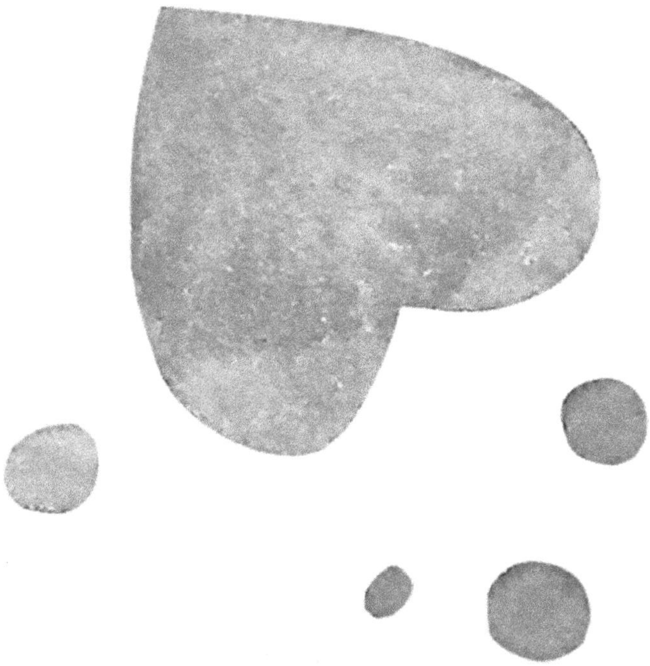

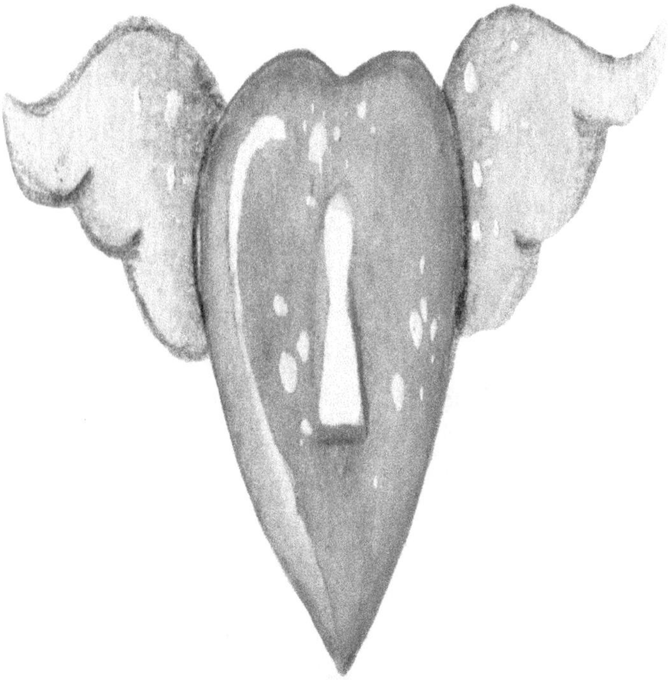

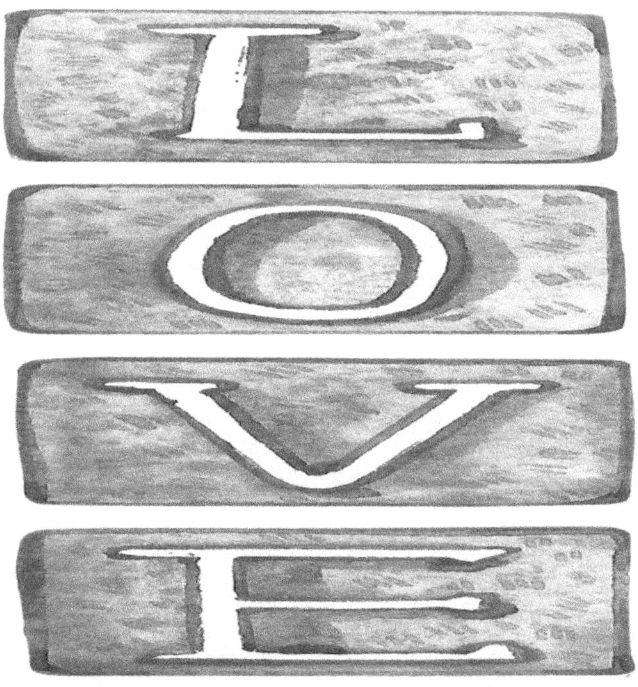
L
O
V
E

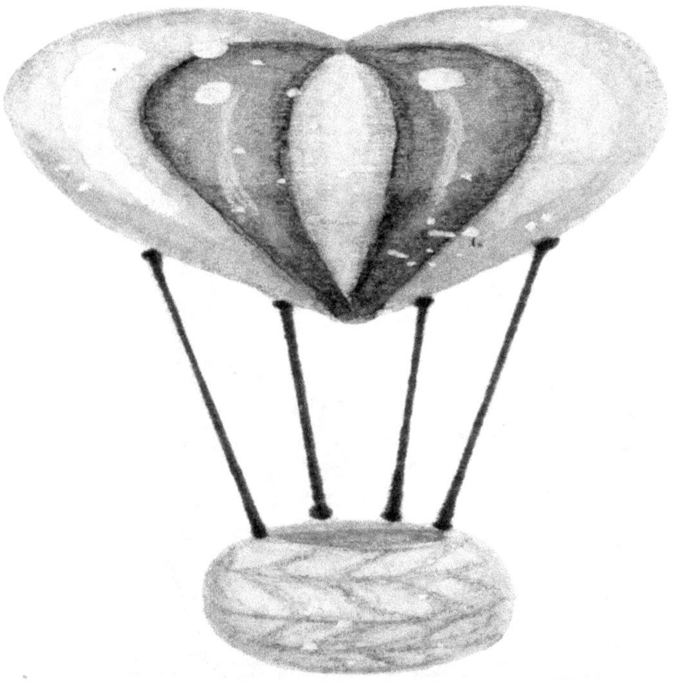

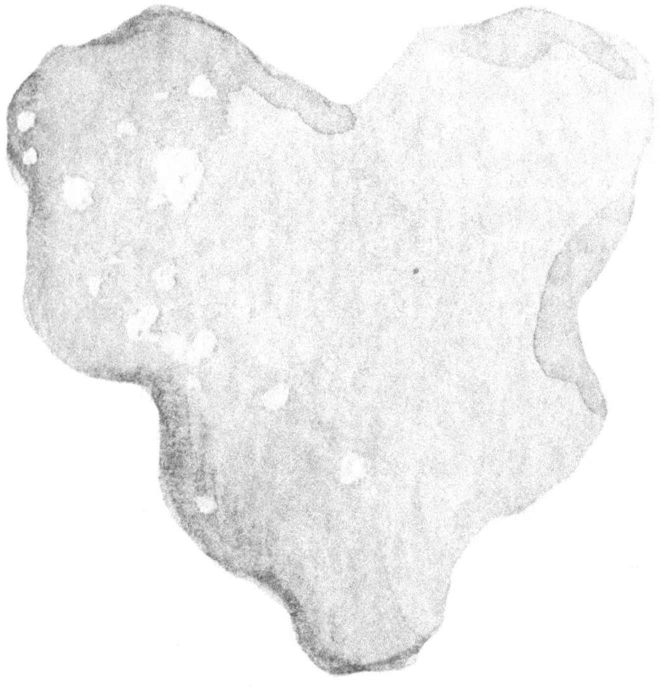

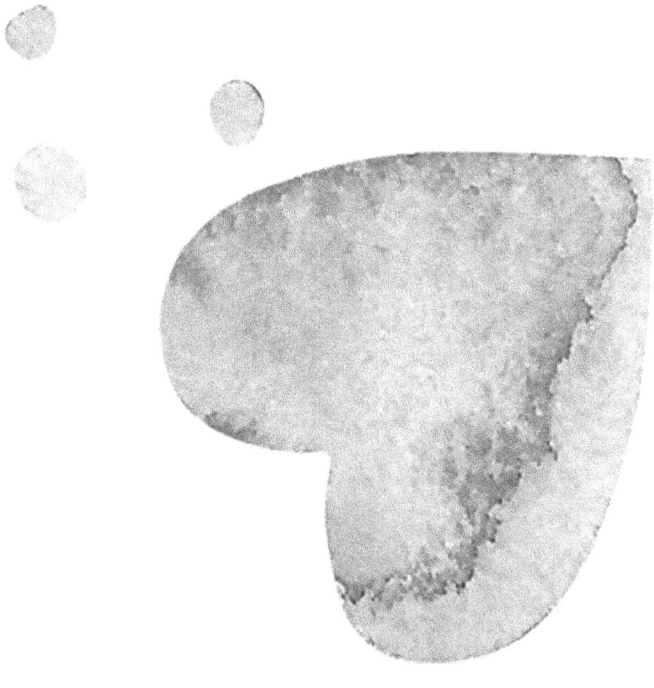

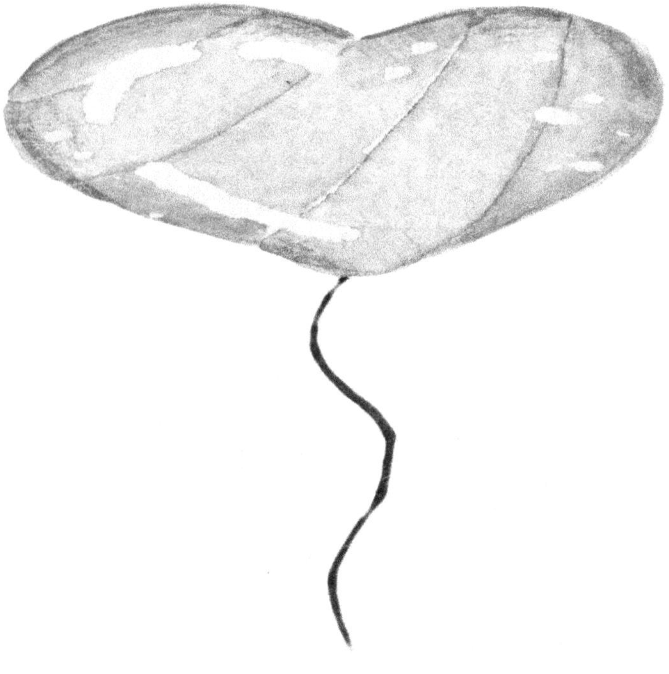

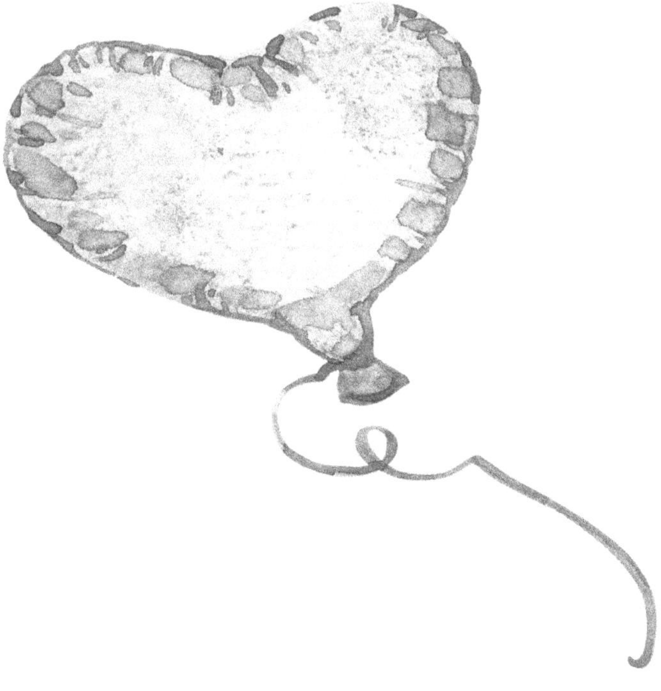

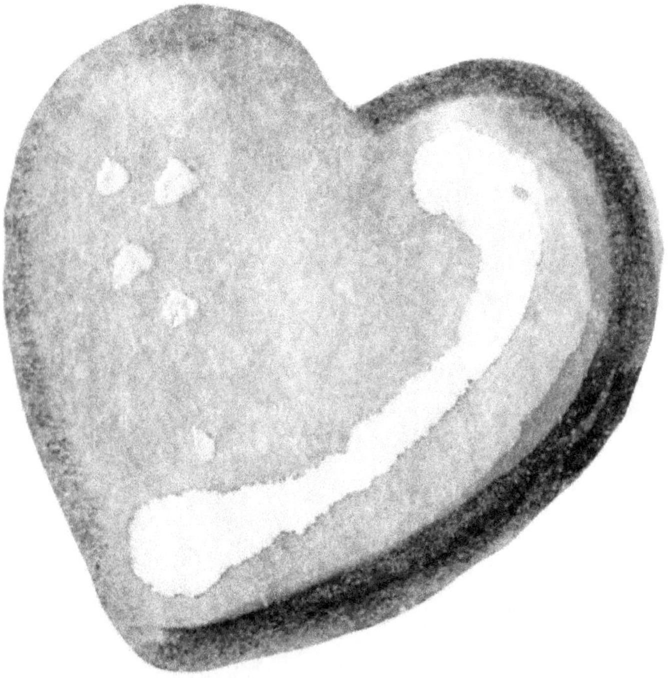

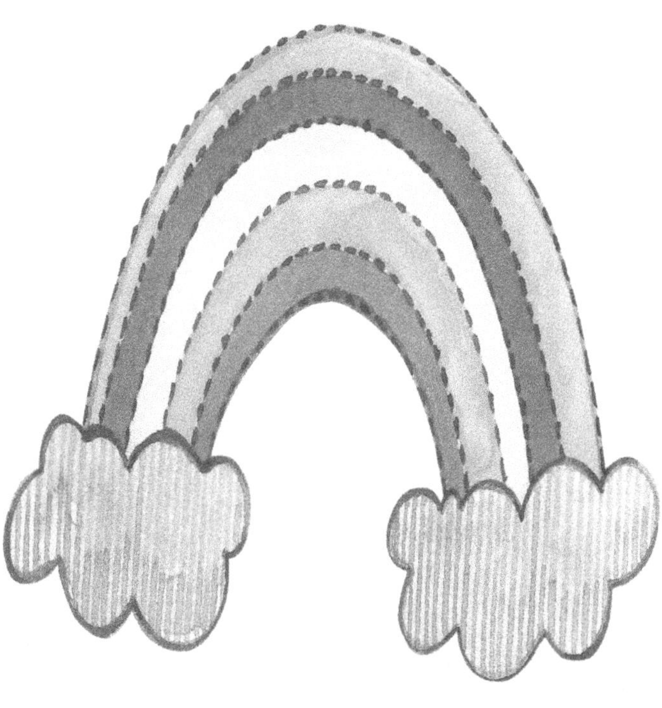

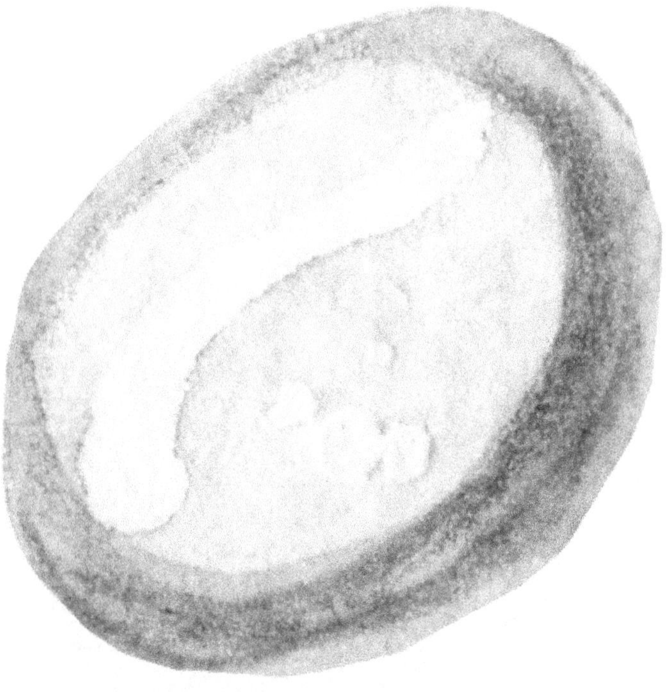

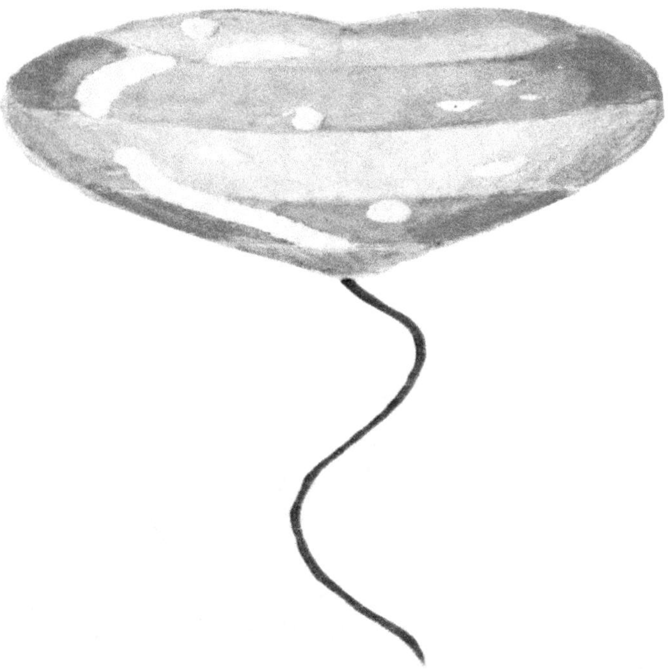

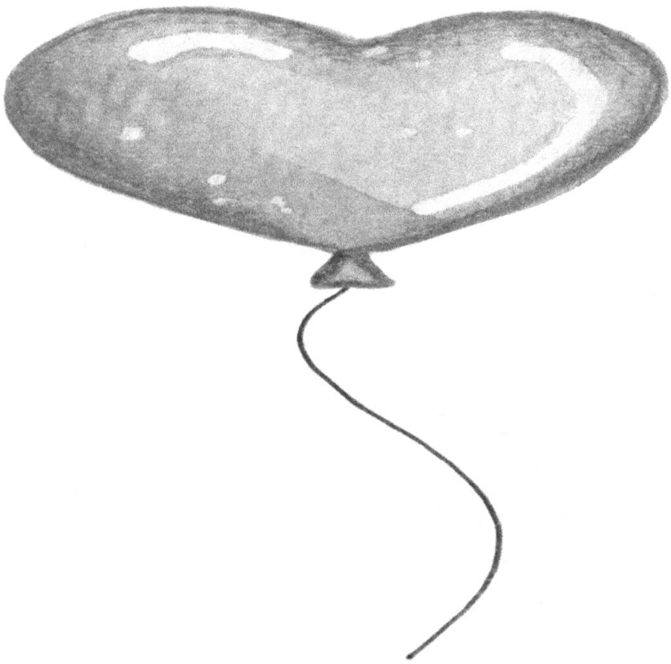

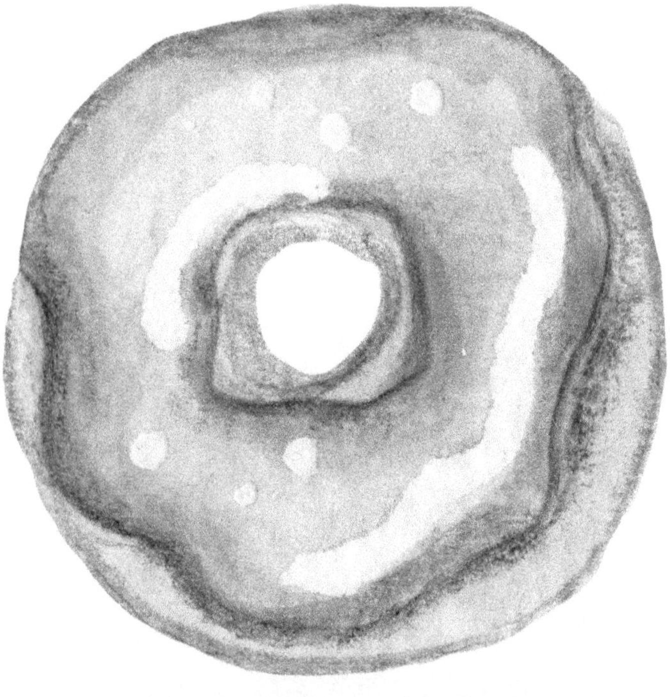

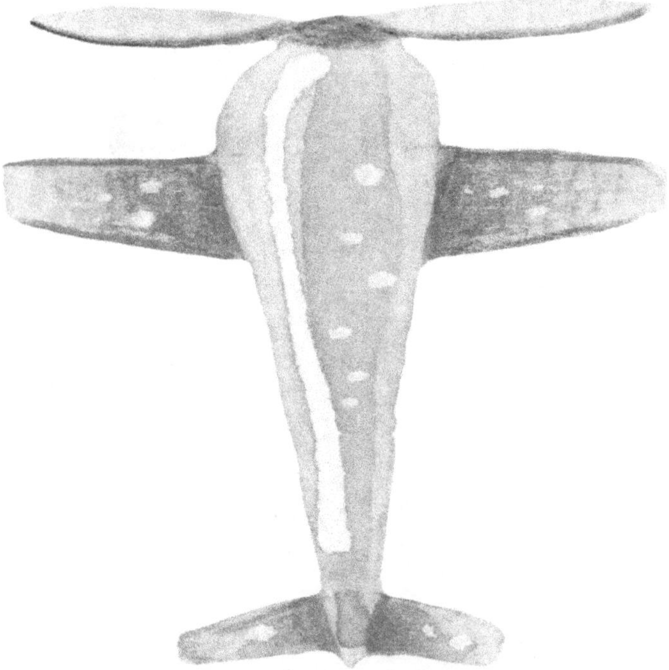

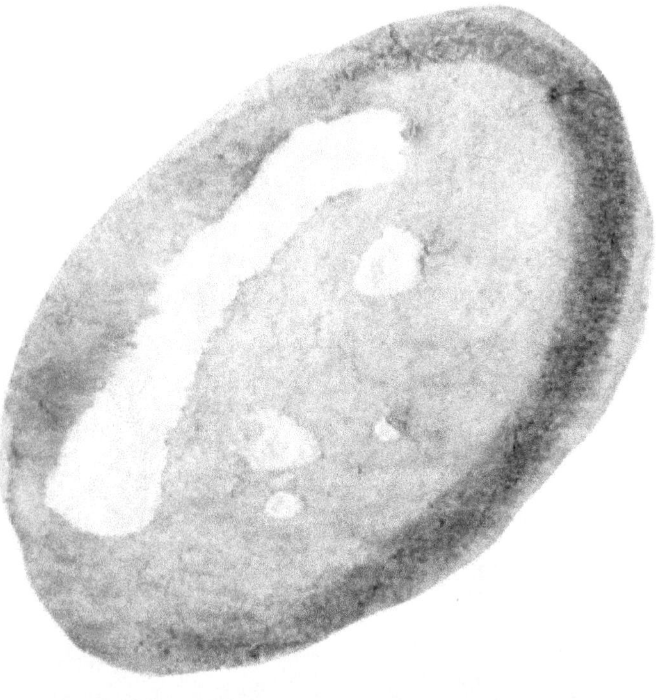

love

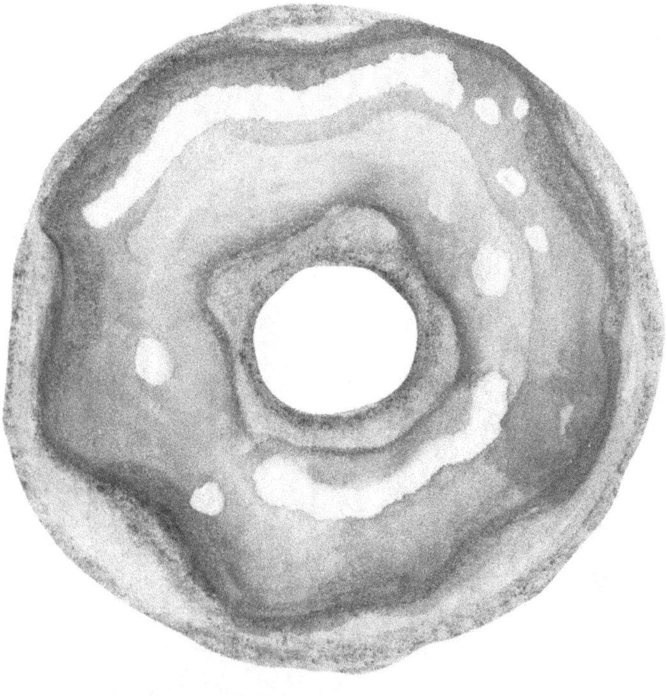

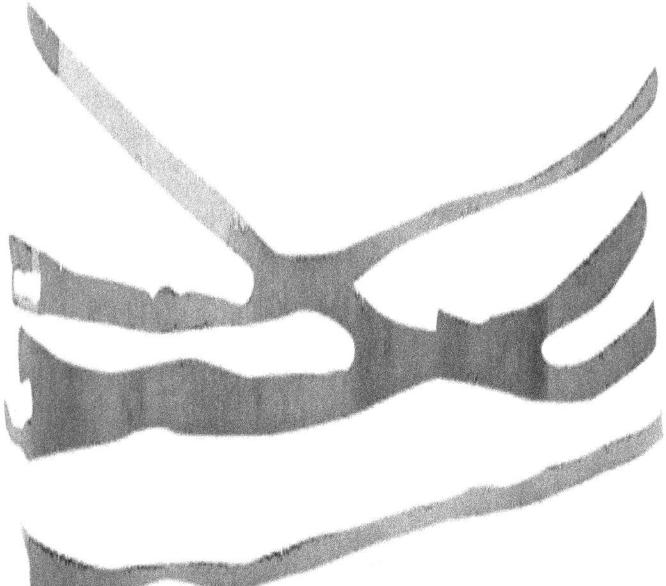

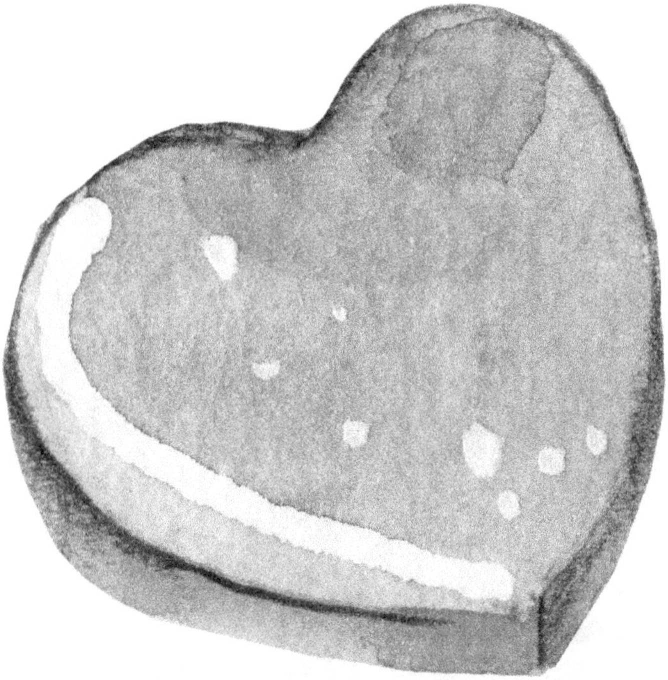

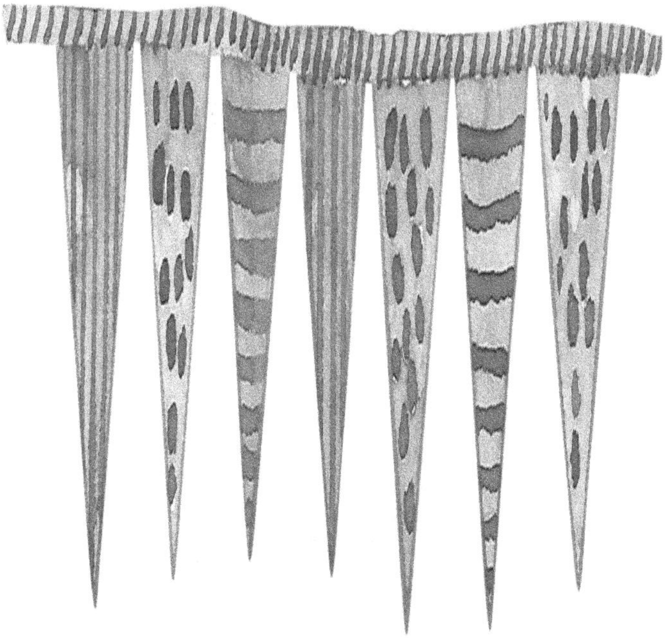

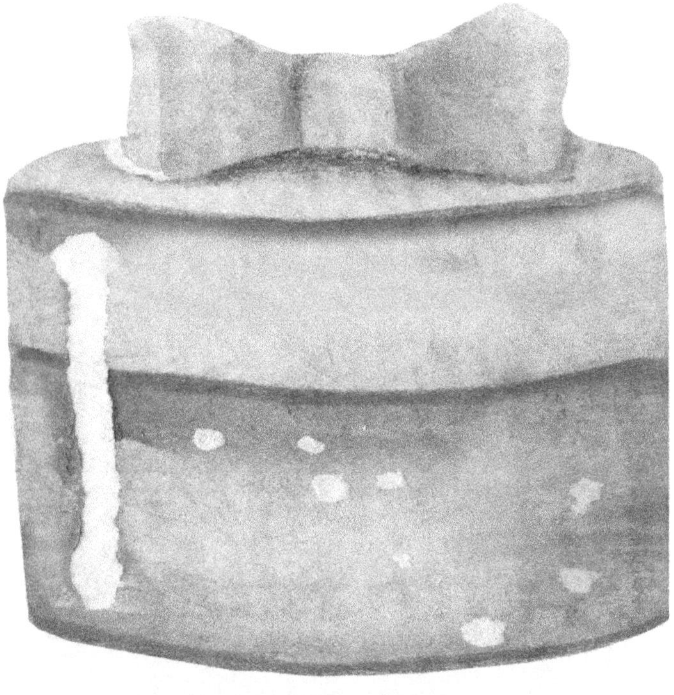

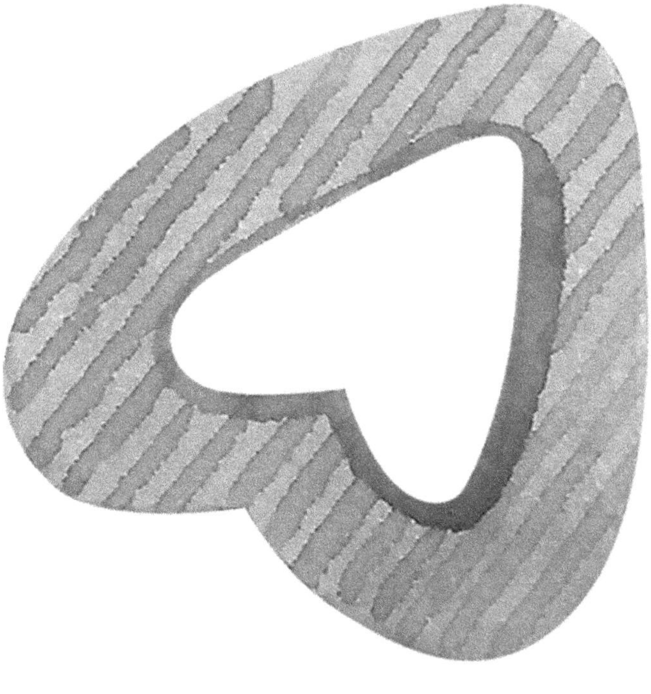

YAY

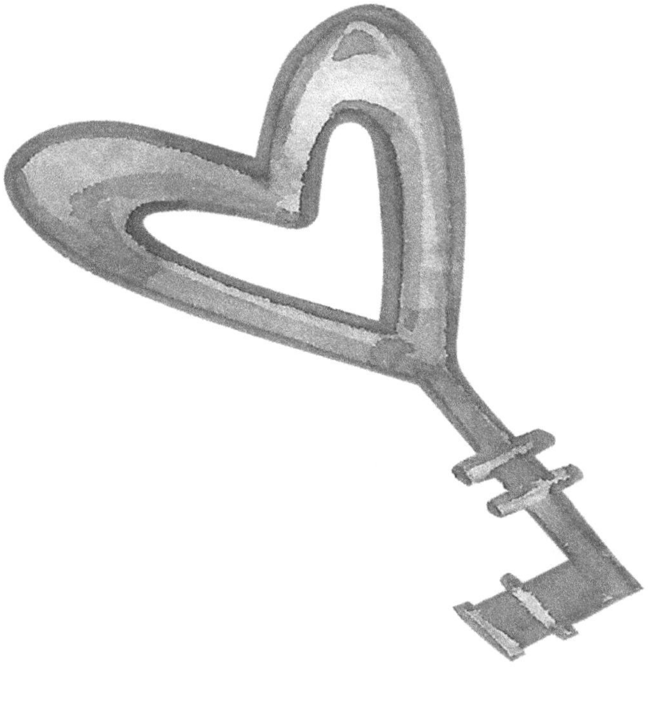

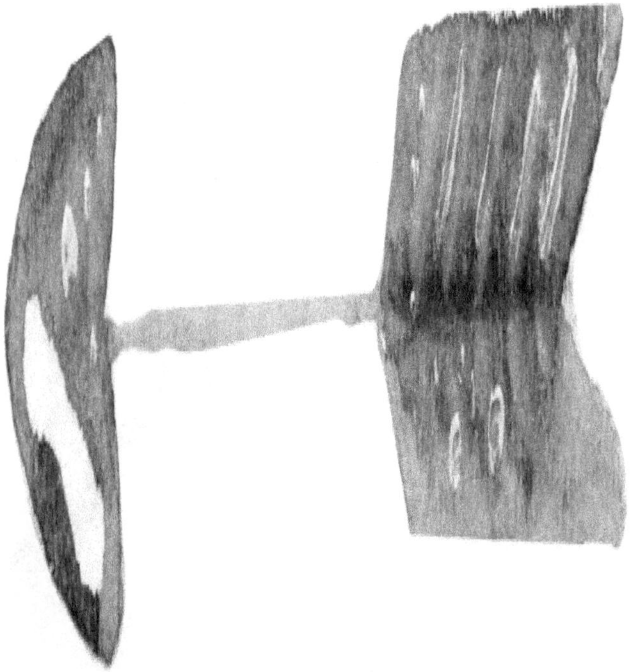

you
+
me
=
love

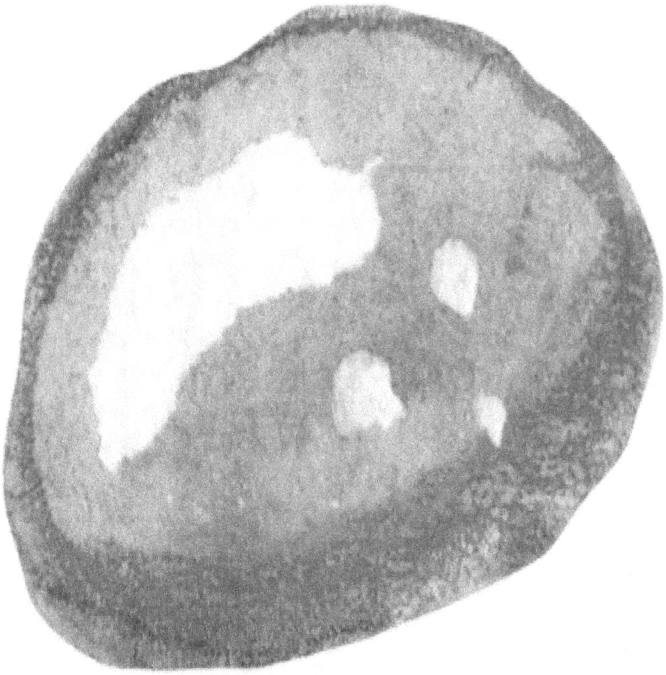

believe
IN
Love

love

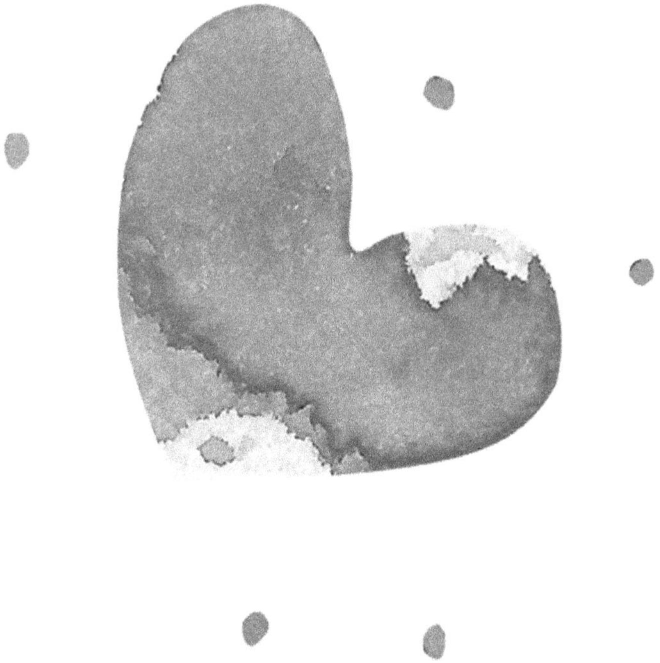

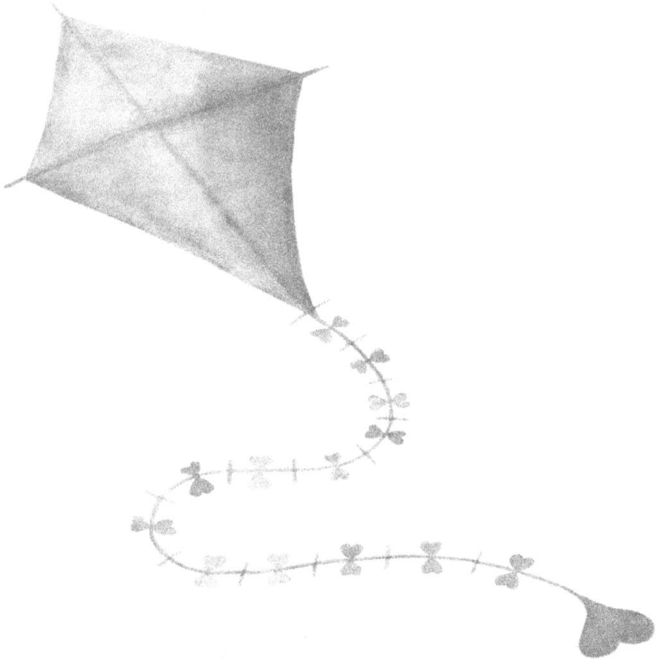

i love you

love you

LOVE

LOVE

O

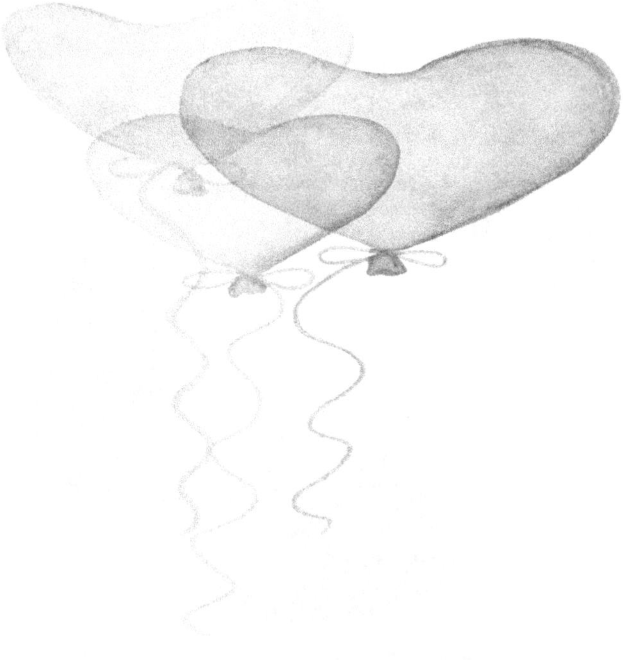

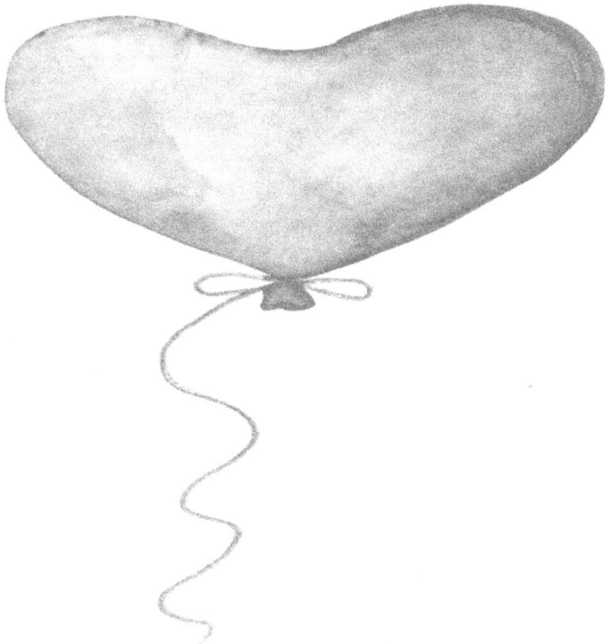

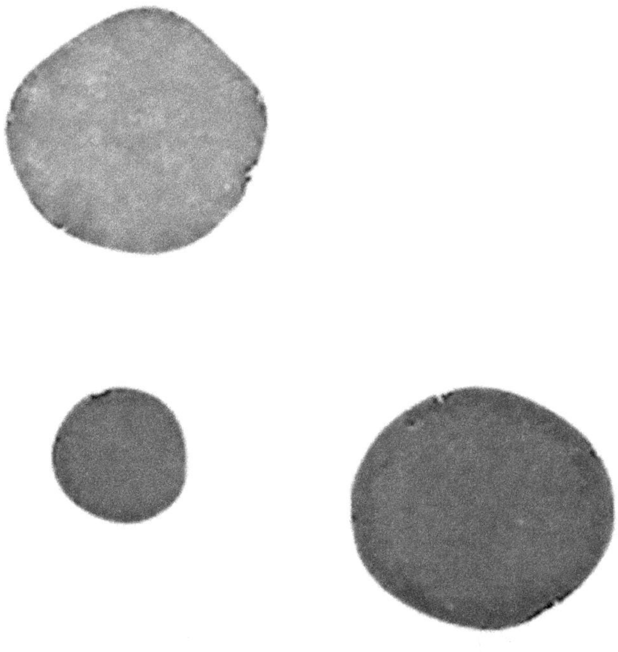

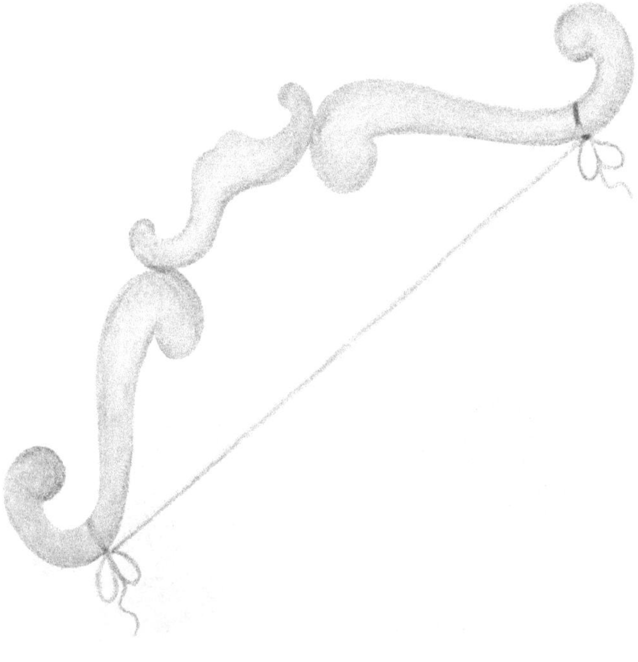

you
are
loved

love is all you need

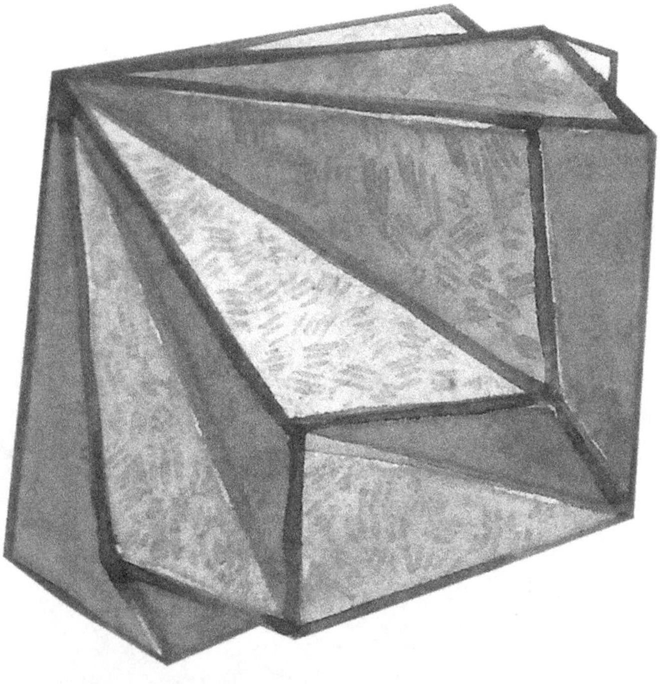

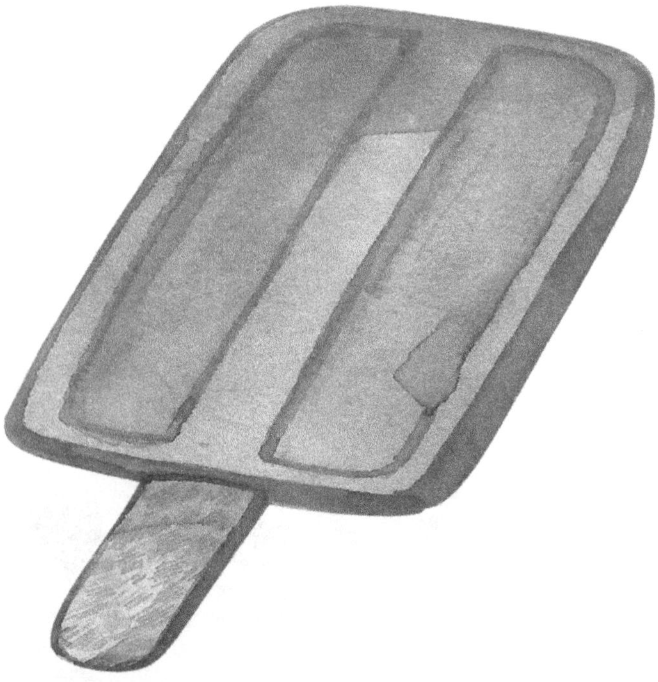

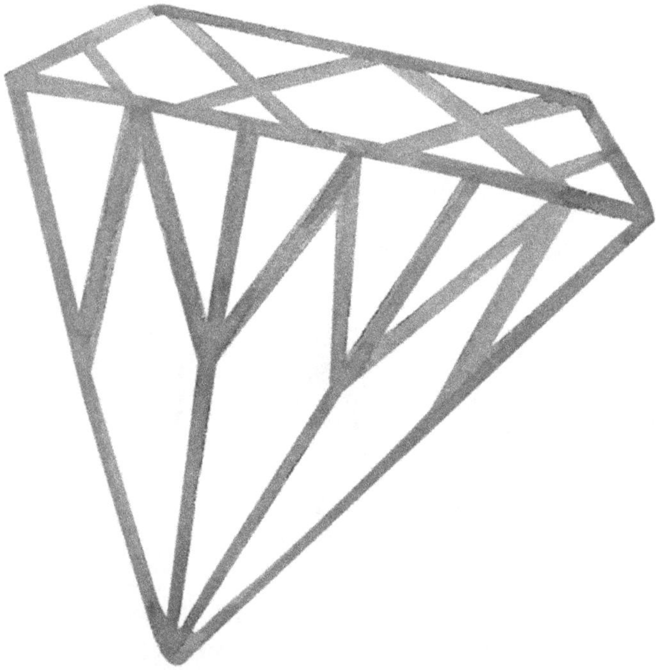

LOVE

- Acts of Kindness Tracker -

- Acts of Kindness Tracker -

- Acts of Kindness Tracker -

Notes

Notes

Notes